Amandine Notaert

MINHA MALETA DE ARTISTA

Pintura a dedo

Este livro pertence a:

SUMÁRIO

Com este livro, você aprenderá ***diversas técnicas*** *para* ***inventar****,* ***criar*** *e* ***pintar*** *belos cenários* ***com seus dedos****.*
Ele está dividido em temas:

1

DESENHE ANIMAIS

2

USE A IMAGINAÇÃO

3

CRIE BELOS CENÁRIOS

Material necessário para desenhar bem

Além dos 6 tubos de tinta da sua maleta, você vai precisar de lápis e um lenço para limpar o excesso de tinta de cada pintura.

COMO PINTAR COM OS DEDOS?

***Coloque** um pouco de tinta na ponta do dedo.*

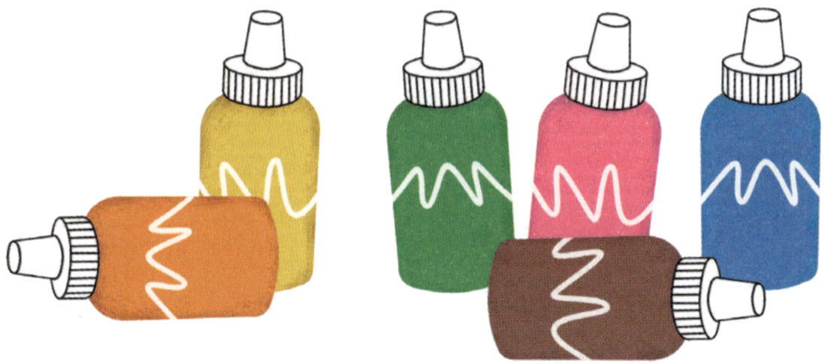

***Atenção** para não colocar muita tinta em cada dedo. De vez em quando, limpe o excesso em um papel ou lenço.*

VOCÊ PODE UTILIZAR TODOS OS DEDOS:

dedão, indicador, médio, anular e mindinho.

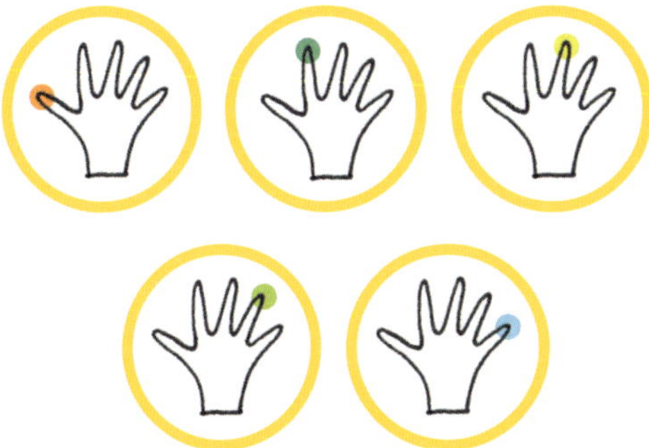

Certas criações são mais complexas e exigem o uso da mão: a ***palma****, o* ***lado*** *ou mesmo a* ***mão inteira****!*

Complete com o lápis.

A cada etapa, uma ***figura*** *indicará qual* ***dedo*** *utilizar.*

Coloque uma folha *sob parte da mão se desejar modificar o* ***formato*** *da sua impressão digital.*

1 DESENHE ANIMAIS

Graças ao ***passo a passo*** *deste capítulo,*
você aprenderá a criar inúmeros animais*:*
pequenos, grandes e divertidos!

Preste muita atenção aos ***modelos*** *da página da esquerda,*
depois ***divirta-se desenhando*** *na página da direita.*

Na primavera, os bichinhos saem do esconderijo

Crie **abelhas**, **borboletas**, **caramujos** e **centopeias**
com o seu indicador e o seu lápis.

Personagens fofinhos

*Crie **gatos**, **cachorros**, **coelhos**, **pássaros** e **crianças** subindo e descendo a escada, com ajuda de seu dedão e de seu lápis.*

Na floresta...

Crie um ***cervo****, um* ***urso*** *e uma* ***raposa*** *nas montanhas,*
com a ajuda de seu indicador, de seu dedão e de seu lápis.

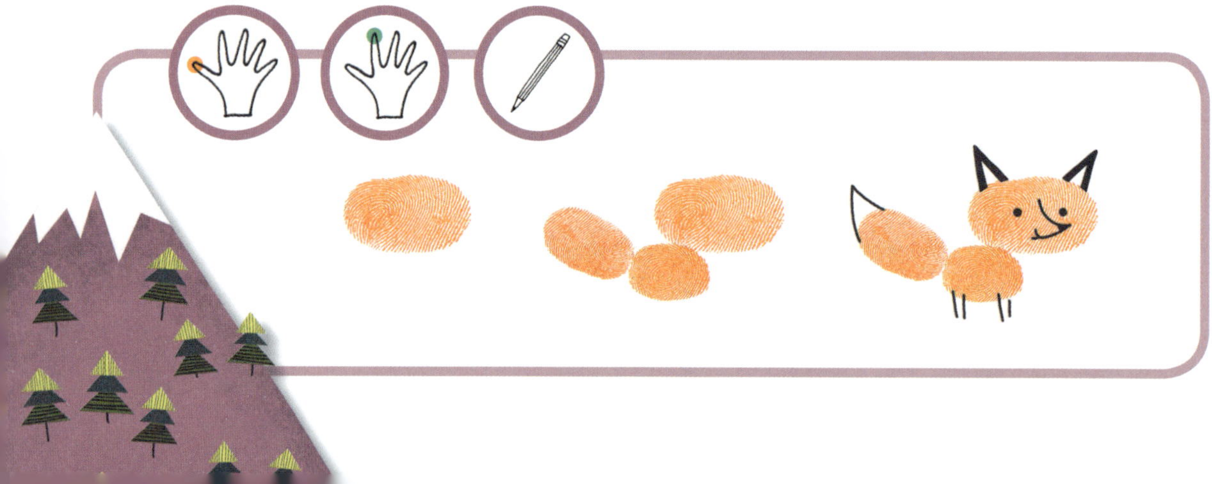

É aniversário do porco!

Crie diferentes ***animais da fazenda*** *ao redor do porco aniversariante, usando seu dedão, seu indicador, seu mindinho e seu lápis.*

Fundo do mar

Crie os ***habitantes do fundo do mar****,*
com seu dedão, seu indicador, seu mindinho e seu lápis.

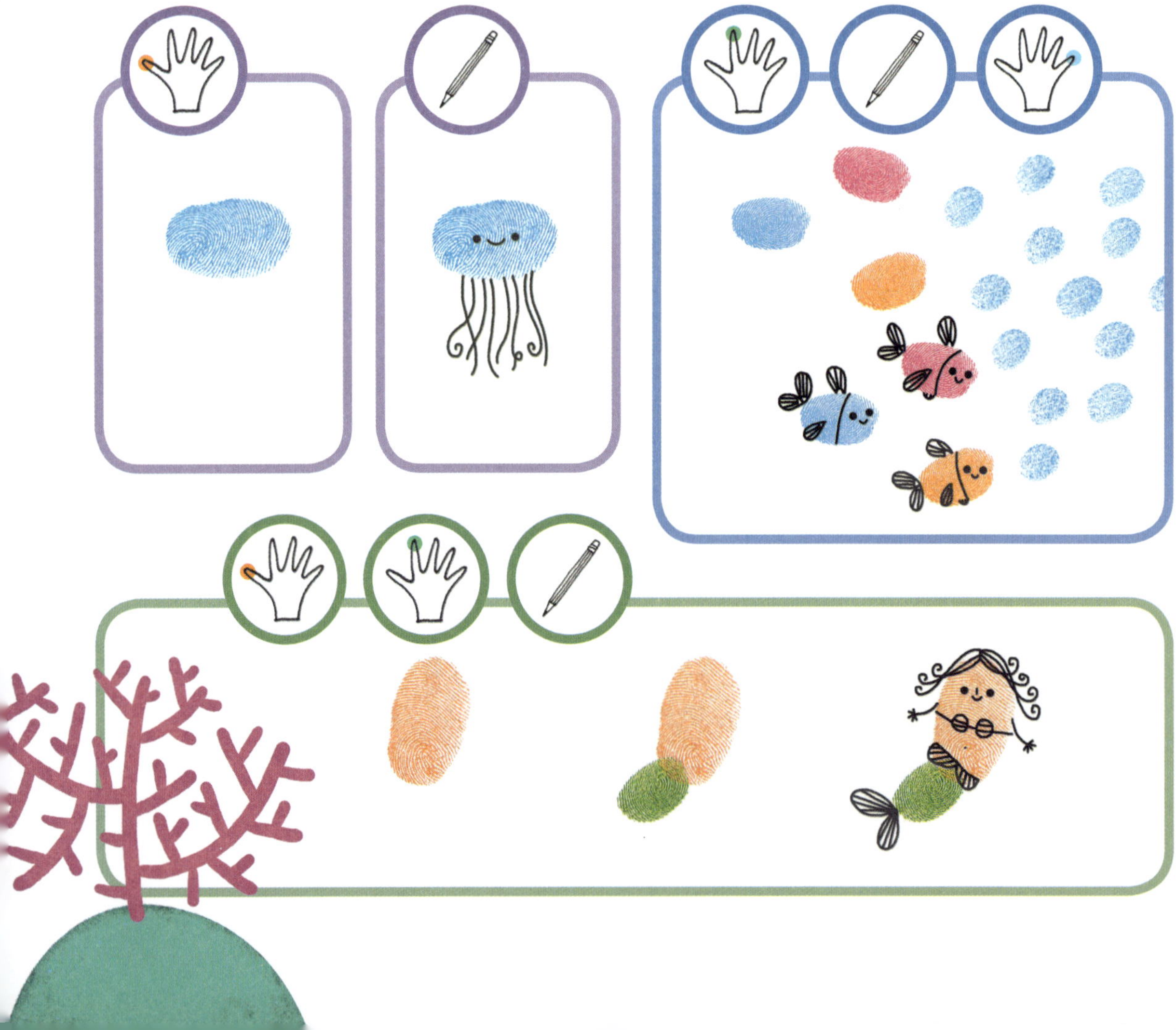

Nas árvores

*Crie **corujas** e **esquilos**, com ajuda de seu dedão, de seu indicador e de seu lápis.*

Estamos na savana!

Crie diferentes ***animais da savana****, utilizando seu indicador, seu dedo médio, sua mão, seu mindinho e seu lápis.*

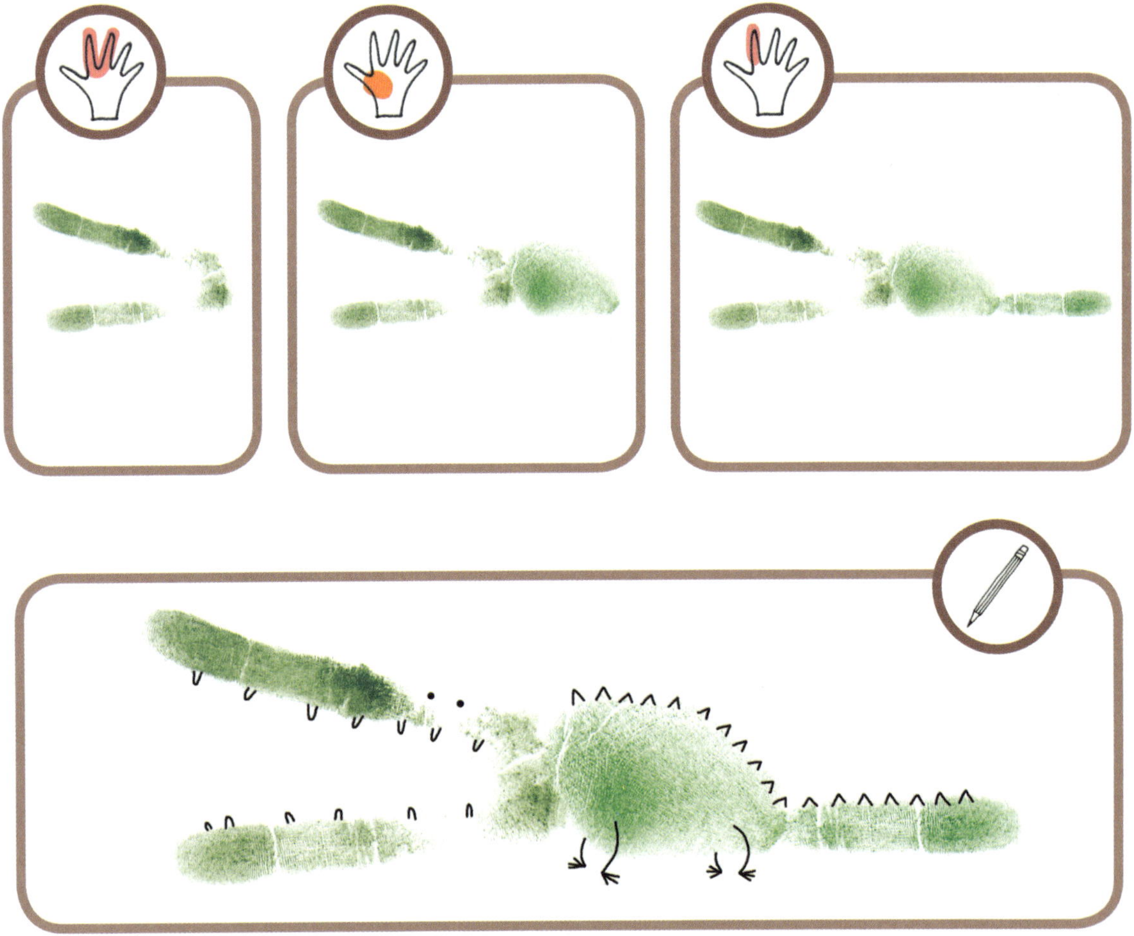

Dica:

para fazer a barriga destes animais, abra bem a mão, colocando tinta somente abaixo do dedão.

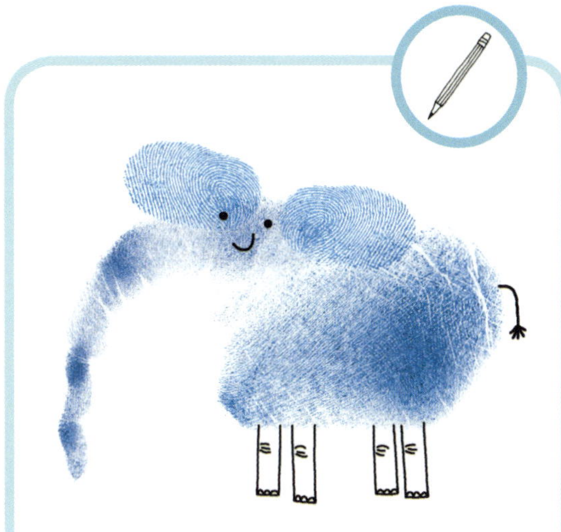

2

USE A IMAGINAÇÃO

*Graças ao passo a passo deste capítulo, você aprenderá a pintar **personagens imaginários**, além de elementos do cotidiano.*

*Preste muita atenção aos **modelos** da página da esquerda, depois **divirta-se desenhando** na página da direita.*

Hora de dormir!

Crie ***personagens variados*** *divertindo-se na hora de dormir, com a ajuda de seu dedão e de seu lápis.*

É primavera!

*Crie **flores, folhas** e **balões**, com a ajuda de seu dedo indicador.*

Os namorados

Crie ***casais apaixonados****, com ajuda de seus dois indicadores, uma folha de papel e um lápis.*

Dica:

para fazer uma semioval, coloque uma folha sob a metade de seu dedo antes de carimbar.

A+E

Que belo castelo!

*Crie **porta**, **janelas** e **bandeiras** nesse belo castelo, com a ajuda de seu indicador, de seu mindinho, de seu dedão e de seu lápis.*

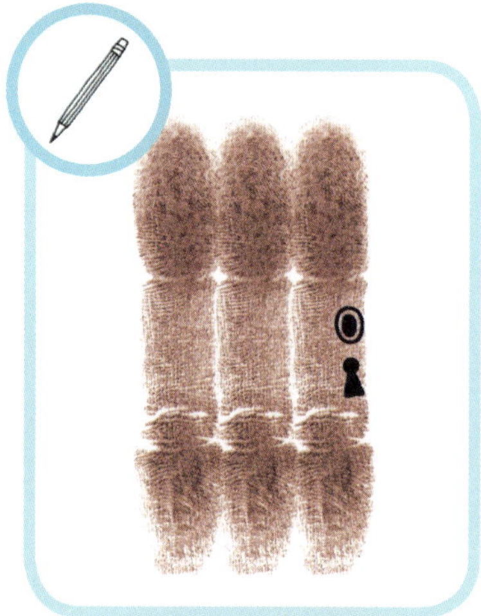

Dica:

para fazer as janelinhas, coloque tinta ao lado do dedinho. Atenção: só na pontinha.

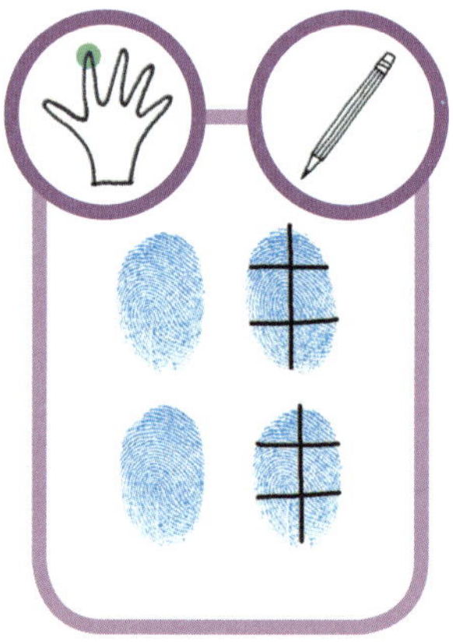

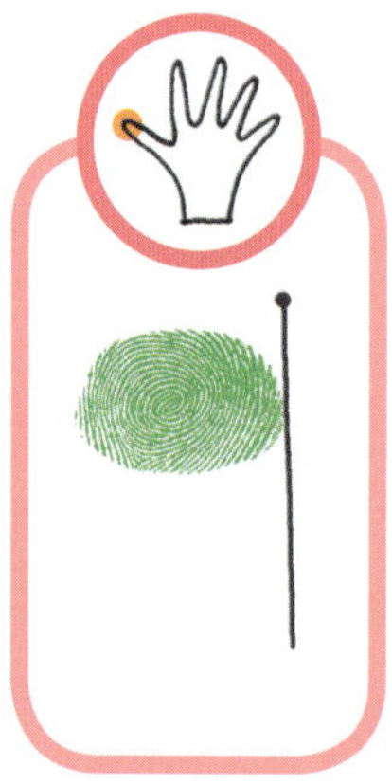

Está chovendo!

Desenhe o que encontramos sob os ***pingos de chuva****,*
com ajuda de seu mindinho, de sua mão, de seu indicador e de seu lápis.

É inverno!

Crie ***bolas de neve*** *e um* ***boneco de neve****,*
com ajuda de seu dedão, de seu mindinho e de seu lápis.

Vamos passear na floresta...

Crie ***personagens divertidos*** *com seu indicador, seu mindinho e seu lápis.*

Olha minha careta!

Desenhe uma ***caretinha*** *no espelho com a mão, o mindinho e o lápis.*

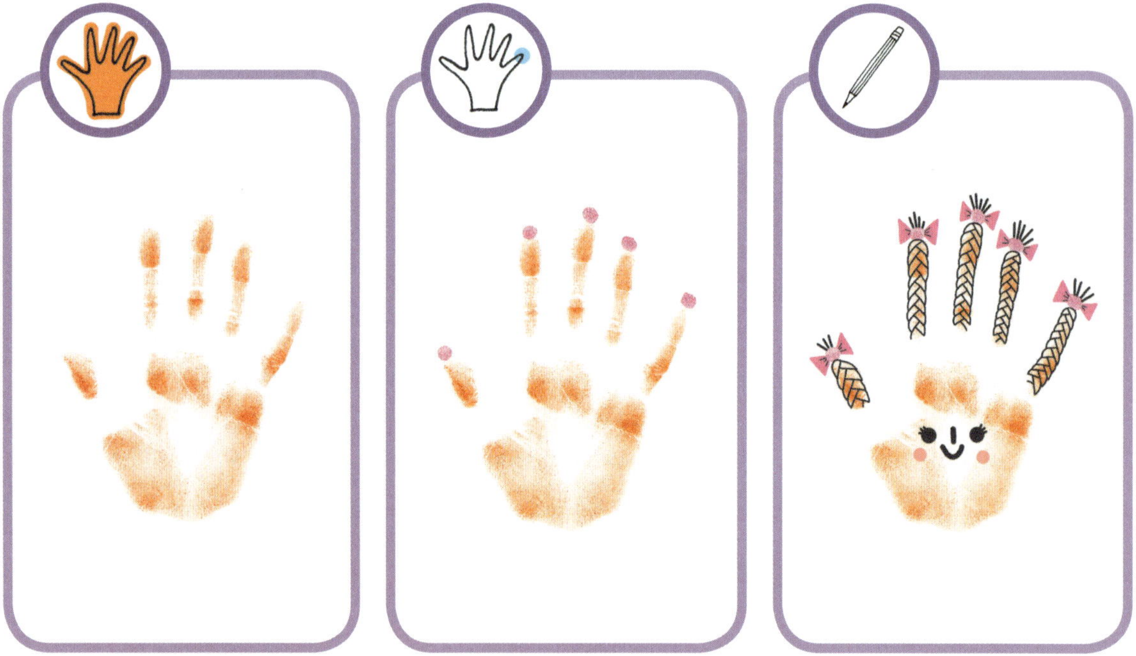

É de noite, lá vêm os monstros!

Desenhe ***monstros enormes*** *com sua mão,*
e ***monstros pequenos*** *com seu dedão.*

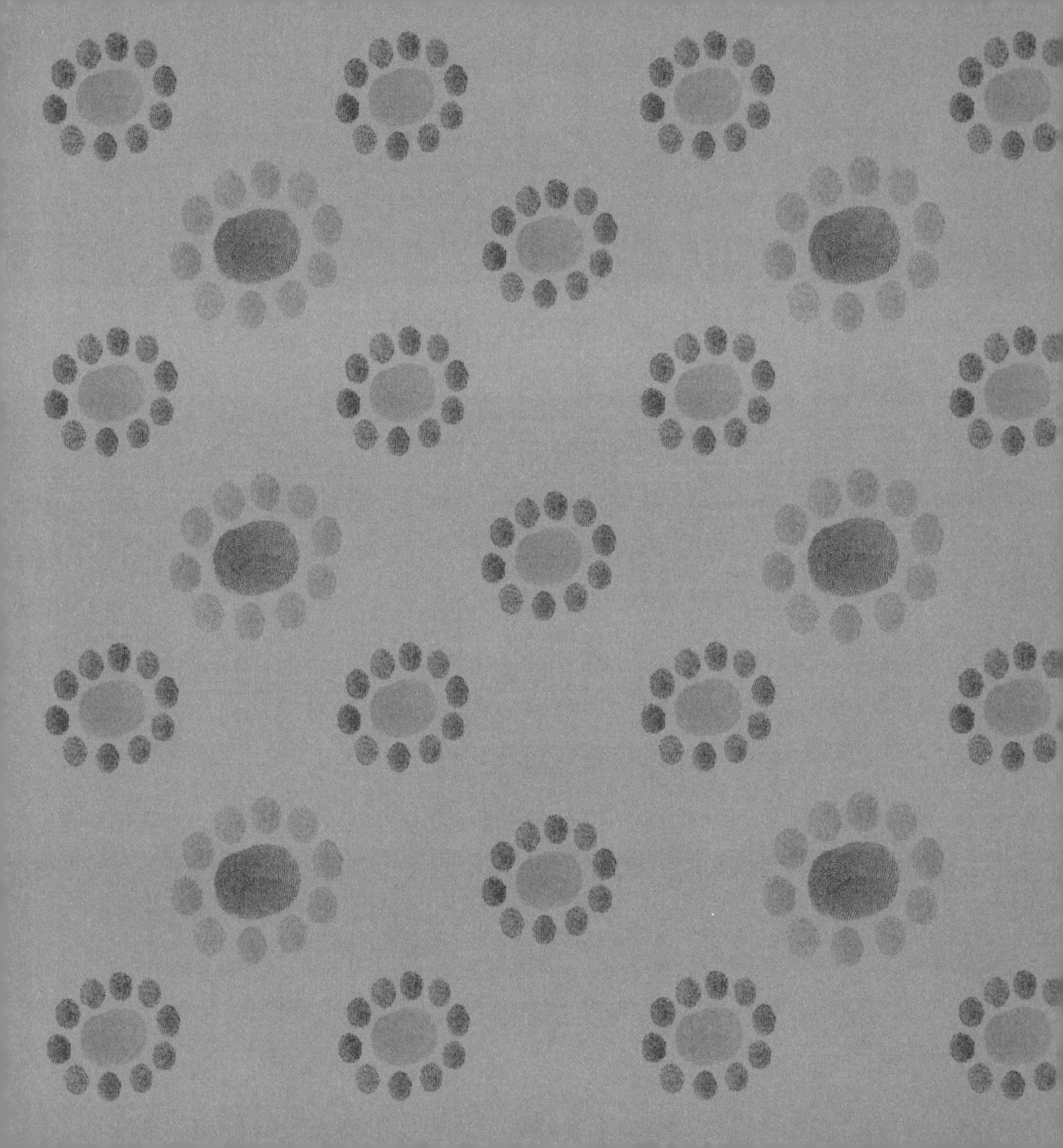

3 CRIE BELOS CENÁRIOS

A partir de agora, coloque em prática tudo que aprendeu nos dois primeiros capítulos e ***preencha esses cenários*** *usando sua criatividade.*

Solte sua imaginação e descubra sua veia artística!

Nas colinas

Na floresta

Na cidade

No jardim

Toufou

Nas árvores

TÍTULO ORIGINAL *Ma valisette d'artiste – Je peins avec mes doigts*

EDIÇÃO Fabrício Valério
EDITORA-ASSISTENTE Marcia Alves
TRADUÇÃO Flávia Yacubian
REVISÃO Balão Editorial
DIREÇÃO DE ARTE Ana Solt
DIAGRAMAÇÃO Balão Editorial

Dados Internacionais de Catalogação na Publicação (CIP)
(Câmara Brasileira do Livro, SP, Brasil)

Nataert, Amandine
Minha maleta de artista: pintura a dedo/Amandine Nataert;
[tradução Balão Editorial]. – 1. ed. – São Paulo: V&R Editoras, 2017.

Título original: Ma valisette d'artiste – Je peins avec mes doigts

ISBN 978-85-507-0146-2

1. Atividades 2. Literatura infantojuvenil. I. Título.

17-08058 CDD-028.5

Índices para catálogo sistemático:

1. Literatura infantil 028.5
2. Literatura infantojuvenil 028.5

VERGARA & RIBA EDITORAS S.A.
Rua Cel. Lisboa, 989 | Vila Mariana
CEP 04020-041 | São Paulo | SP
Tel.| Fax: (+55 11) 4612-2866
vreditoras.com.br | editoras@vreditoras.com.br

Sua opinião é muito importante

Mande um e-mail para **opiniao@vreditoras.com.br**
com o título deste livro no campo "Assunto".

1ª edição, jul. 2018

FONTE Helvetica Neue Light 14/20pt; That's font folks 20/22pt
LOTE 209/17AU4